BEI GRIN MACHT SI(
WISSEN BEZAHLT

- Wir veröffentlichen Ihre Hausarbeit,
  Bachelor- und Masterarbeit

- Ihr eigenes eBook und Buch -
  weltweit in allen wichtigen Shops

- Verdienen Sie an jedem Verkauf

Jetzt bei www.GRIN.com hochladen und kostenlos publizieren

Alina Müller

Religiöse Sozialisation bei Kindern

Praxiserkundung zur Gottesvorstellung und Gottesbeziehung nach Fowlers Stufen des Glaubens

GRIN Verlag

Bibliografische Information der Deutschen Nationalbibliothek:

Die Deutsche Bibliothek verzeichnet diese Publikation in der Deutschen National-
bibliografie; detaillierte bibliografische Daten sind im Internet über http://dnb.d-
nb.de/ abrufbar.

Impressum:

Copyright © 2009 GRIN Verlag GmbH
Druck und Bindung: Books on Demand GmbH, Norderstedt Germany
ISBN: 978-3-656-03369-1

Dieses Buch bei GRIN:

http://www.grin.com/de/e-book/180506/religioese-sozialisation-bei-kindern

GRIN - Your knowledge has value

Inhalt

1   Einleitung 2

2   Das Theorieelement 2

   2.1.   Zu Fowlers Stufen des Glaubens 2

   2.2.   Kritische Würdigung des Theorieelements 7

3   Die Praxiserkundung 8

   3.1.   Beschreibung der Probandin 8

   3.2.   Beschreibung der Malsituation 9

   3.3.   Der Malprozess 10

   3.4.   Das Interview 12

   3.5.   Ein Interpretationsversuch 15

Literaturverzeichnis 18

1 Einleitung

In dieser Hausarbeit möchte ich als Grundlage zunächst mein Theorieelement »Glaubensentwicklung nach Fowler« darstellen. Dies wird den ersten Teil meiner Seminararbeit ausmachen. In Bezug auf die theoretische Einführung beginnt der zweite Teil meiner Hausarbeit mit der Vorstellung meiner Forschungsfrage. Es schließt sich eine explizite Darstellung meiner Probandin, sowie die Beschreibung der Malsituation und ein anschließendes Interview an, sowie der Versuch der Interpretation der kindliches Gottesverständnis und der Symbolbildung anhand des von der Probandin angefertigten Bildes und des Interviews. In diesem Teil versuche ich auch mit Hilfe der eingangs erläuterten Theoriegrundlagen meine Forschungsfrage zu beantworten.

2 Das Theorieelement

Im Folgenden schließt sich der Theorieansatz von James W. Fowlers »Stufen des Glaubens« an. Es folgt eine kritische Würdigung dessen.

2.1. Zu Fowlers Stufen des Glaubens

James W. Fowler vereinigt mit seiner Theorie der Glaubensentwicklung psychosoziale Ansätze (z.B. in Bezug auf E. H. Erikson) mit kognitivistischen Theorien (z.B. von J. Piaget). Damit stellt Fowler den Versuch an, eine ungefähre Folge von entwicklungsmäßig miteinander verbundenen, stadienartigen Klassen von Glaubensbefindlichkeiten darzustellen.[1] Das subsumable Ergebnis dessen besteht in Form einer Stufentheorie, mittels derer Fowler versucht, die Entwicklung des Glaubens zu beschreiben. Bei diesem Glaubensverständnis unterstellt er, dass jeder Mensch innerhalb seiner Existenz auf einen Sinn angewiesen ist. Demnach lebt das Individuum in einer Welt die sowohl deutungsfähig, als auch deutungsbedürftig ist. Der Einzelne muss dabei den Sinn der Welt erst für sich erschließen. Unklar bleibt bei Fowler allerdings, ob der Mensch in der Welt einen Sinn vorfindet, oder ob er ihn für sich selbst

---

[1] Vgl. Hans-Jürgen Fraas, Die Religiösität des Menschen, Göttingen 1990, S.68

erschafft. Der Glaube kann demnach bei Fowler nicht nur religiös verstanden werden, denn er sieht er zwischen Religion und Glauben eine enge Verbindung. Damit wäre nach Fowler auch der Atheismus eine bestimmte Form des Glaubens. Grundsätzlich unterscheidet Fowler deswegen differenziert er zwischen zwei Grundbegriffen, nämlich *faith*, der Glaubenshaltung eines Menschen und *belief*, der den Glauben als inhaltliche Überzeugung und das Für-Wahr-Halten von Aussagen verschiedener Religionen beschreibt, während der Begriff *faith* als Lebensglaube eher auf eine bestimmte Weltanschauung, als auf eine spezifische Religion hin angelegt ist.[2]

Fowler unterscheidet zwischen insgesamt sieben Stufen des Glaubens. Diese sollen jedoch nicht hierarchisch verstanden werden. Mit der Benennung dieser Stufen, bezweckt Fowler die Vielschichtigkeit der von ihm untersuchten religiösen Entwicklung einzufangen und darzustellen.[3]

Im Folgenden sollen Fowlers Stufen des Glaubens dargestellt werden. Die Stufe Null bezeichnet den »Ersten Glauben«. Dieser ist vielmehr eine vorsprachliche Stimmung, da sich das Bewusstsein des Kindes noch im Entstehungsprozess befindet. Innerhalb dieser Stufe des noch undifferenzierten Glaubens entwickelt das Kind ein Grundvertrauen, welches die Grundlage zur späteren religiösen Entwicklung bildet.[4] Mit Stufe Eins benennt Fowler einen intuitiv-projektiven Glauben. Dieser ist in der frühen Kindheit beobachtbar. Dieser Glaube steht auch in Zusammenhang mit dem Spracherwerb des Kindes und der Entwicklung seines Vorstellungsvermögens.[5] Die Phantasie des Kindes wird noch nicht von den Gesetzen der Logik im Zaum gehalten. Die Kinder nehmen noch vieles wörtlich und genau darin liegt die Gefahr dieser Stufe. Da für diese Stufe auch die Empfänglichkeit gegenüber Glaubensüberzeugungen von Erwachsenen bezeichnend ist und das Kind kognitive Operationen nur sehr begrenzt

---

[2] Vgl. Schweitzer, F.: Lebensgeschichte und Religion, München 1999, S.138 f.
[3] Vgl. ebd. S.144.
[4] Vgl. ebd.
[5] Vgl. Hans-Jürgen Fraas, Die Religiösität des Menschen, Göttingen 1990, S. 68.

ausführen kann, kann es auf dieser Glaubensstufe dazu kommen, dass die Kinder sich von einem allsehenden Gott beobachtet fühlen, oder Ängste vor möglichen Strafen Gottes entwickeln.[6]

Die eigentlich dritte Stufe (Stufe Zwei bei Fowler) ist vom »Mythisch-wörtlichen Glauben« der Kinder oder Jugendlichen gekennzeichnet. Hier gewinnen Symbole, Mythen und Geschichten, die von der Umwelt angeboten werden an zentraler Bedeutung für die Orientierung in der Welt. Auf dieser Stufe ist noch das konkret-operationale Denken vorherrschend. Demnach nimmt das Kind / der Jugendliche noch vieles wörtlich. Die symbolische Sprache (z.B. der Bibel) wird im Wortsinn verstanden und dieser bestimmt die Grenze des Verstehens. Daher ist auf dieser Stufe auch der Anthropomorphismus zu finden, denn die wörtliche Interpretation symbolischer Schriften führt dazu, dass Gott als menschliches Wesen verstanden wird. Zudem ist das Kind oftmals an den wörtlich genommenen, mythischen Überzeugungen orientiert (z.B. Im Himmel lebt Gott, in der Hölle der Teufel.).[7]

Fowlers Stufe Drei ist von einem »Synthetisch-konventionellen Glauben« geprägt. Konventionell deswegen, weil der auf dieser Stufe vorherrschende Glaube kein persönlicher Glaube ist. In der Kindheit und im frühen Jugendalter mangelt es noch an persönlicher Autonomie. Es existiert keine unabhängige Urteilsbildung. Glaubensüberzeugungen anderer werden von Kindern und Jugendlichen, aber auch teilweise noch Erwachsenen, die diese Stufe nicht verlassen haben, unreflektiert und ungeprüft übernommen. Oftmals spielen dabei die Eltern oder weitere Bezugspersonen, aber auch die Kirche eine entscheidende Rolle. Dabei steht die Glaubwürdigkeit anderer Personen weitgehend außer Zweifel.[8]

---

[6] Vgl. ebd. S.70.
[7] Vgl. Schweitzer, F.: Lebensgeschichte und Religion, München 1999, S.145/ 146.
[8] Vgl. ebd. S.146/ 147.

Für Stufe Vier nach Fowler ist der »Individuierend-reflektierende Glaube« bezeichnend. Dabei herrscht nun im Vergleich zu Stufe Drei ein deutliches Bewusstsein der eigenen Autonomie und Individualität. Eigene Überzeugungen werden kritisch aufgearbeitet. Nach Fowlers Untersuchungen ist diese Stufe nicht vor dem späten Jugendalter zu finden. Auf dieser Stufe besteht nun zwar die Fähigkeit zur eigenen (kritischen) Urteilsbildung, allerdings besteht die dabei die Gefahr dass der Individualismus zur radikalen Symbolkritik führt. Es fällt nun auch oft schwer, sich mit einer religiösen Tradition oder einer Institution verbunden zu fühlen.[9]

Während es dem Individuum auf Stufe Vier schwerfällt, sich mit anderen verbunden zu fühlen, wird dies auf Stufe Fünf vom »Verbindenden Glauben« abgelöst. Dabei tritt an Stelle des "Entweder-Oder" der vorherigen Stufe ein dialogisches Verständnis, welches von einer dementsprechenden Haltung und Offenheit der Welt und anderer Menschen gegenüber geprägt ist. Die Individualität der Befindlichen muss nicht, wie auf der vorher beschriebenen Stufe gegenüber gegen andere Traditionen oder Glaubensüberzeugungen verteidigt werden. Bezeichnend für die fünfte Stufe ist auch, dass sämtliche religiöse Traditionen als relativ wahr und gültig angesehen werden. Sie werden in Abhängigkeit von der individuellen Erfahrung eines Menschen oder Volkes verstanden.[10]

Die sechste und letzte Stufe bei Fowler betrachtet er als rein hypothetisch. Sie ist die höchste Stufe innerhalb seiner Entwicklungslogik und bezeichnet den »Universalisierenden Glauben«. Dieser ist von absoluter Liebe und Gerechtigkeit geprägt, dabei tritt die eigene Selbsterhaltung in den Hintergrund. Der auf dieser Stufe befindliche Mensch besitzt ein Gefühl für die

---

[9] Vgl. Schweitzer, F.: Lebensgeschichte und Religion, München 1999, S.148-150.
[10] Vgl. ebd. S.150/ 151.

5

transzendente moralische und religiöse Wirklichkeit.[11] Dieses ist Fowler zu Folge das Resultat eines allumfassenden Glaubens.[12]

Vor allem bei der letzten Stufe wird deutlich, dass Fowlers Grundbegriff »faith« als Lebensglaube eher auf eine Weltanschauung, als auf eine bestimmte Religion hin angelegt ist. Bei der Betrachtung der Stufenabfolge wird deutlich, dass zwei Beobachtungsebenen miteinander verschmolzen zu sein scheinen. Auf der einen Seite hat man die Ebene der physiologisch bedingten Reifeprozesse, die basierend auf Piaget vor allem das erste Lebensdrittel beschreiben. Die späteren Stufen sind in erster Linie in Abhängigkeit von bestimmten Lebenserfahrungen zu sehen. Dabei kommt die Lebensgeschichte in ihrer soziokulturellen Verflochtenheit zum Tragen. Die späteren Stufen entwerten die früheren nicht, sondern werten sie eher neu auf.[13]

In »Die Religiösität des Menschen« versucht Hans Jürgen Fraas zu beantworten, wie der Mensch religiös wird. Dazu stellt er verschiedene Theorien auf. Unter anderem führt er die Theorie der »Religiösen Anlage« auf. Dabei bezieht er sich auf den Psychologen C.G. Jung, der die Religiösität des Menschen zum zentralen Problem des Lebens erhoben hat. Dieser argumentiert, dass für Menschen, besonders nach Erreichung der Lebensmitte, im allgemeinen Probleme der religiösen Einstellung im Mittelpunkt stehen. Zu diesem Zeitpunkt des Lebens wird sich der Mensch, nach Jungs Argumentation, seiner Vergänglichkeit immer stärker bewusst und aus diesem Grund wird der Sinn des Lebens vom Individuum als Problem erfasst. Demnach wurzelt im Bereich des kollektiv Unbewussten ein religiöses Bewusstsein, welches sich dadurch äußert, dass der Mensch danach strebt sich in seiner Ganzheit zu entfalten.[14] Hier besteht eine Parallele zu J. W. Fowler, der zwar nicht zwingend von einer "religiösen" Anlage des Menschen ausgeht, aber vom Angewiesensein

---

[11] Vgl. ebd. S. 152.
[12] Vgl. Hans-Jürgen Fraas, Die Religiösität des Menschen, Göttingen 1990, S. 69.
[13]. Vgl. Hans-Jürgen Fraas, Die Religiösität des Menschen, Göttingen 1990, S. 68 f.
[14] Vgl. ebd. S. 42 f.

des Menschens auf einen Sinn innerhalb des Lebens ausgeht, was wiederum mit der Theorie von C.G. Jung konform geht.

2.2. Kritische Würdigung des Theorieelements

Ich möchte mich dem in 2.1 geschilderten Ansatz von J.W. Fowler anschließen. Ich bin der Meinung, dass jeder Mensch sich innerhalb seines Lebens mit Sinnfragen beschäftigt, um sich die ihn umgebende Welt zu deuten. Jeder Mensch kommt nach meiner Ansicht zu einem bestimmten Zeitpunkt innerhalb seines Lebens zu einem wie auch immer gearteten "Glauben", und sei es in der Verneinung der Existenz Gottes, oder der Abkehr von jeglichen Religionen. Das Finden der eigenen religiösen Identität ist nämlich ein Vorgang, der sich über das frühe Kindes- bis zum Erwachsenenalter entfaltet und im Übergang von der Jugend ins Erwachsenenalter erstmalig für das Individuum bewusst verläuft. Allerdings erstreckt sich die religiöse Identitätsfindung über das gesamte Leben und findet möglicherweise keinen Abschluss. Die Grundlegenden Sinnfragen können dabei nicht unbedingt in jedem Fall beantwortet werden.[15]

Eriksons Identitätskonzept, das sich in seiner Argumentation gegen die Vermutung einer religiösen zu stellen scheint, beschreibt die religiöse Entwicklung innerhalb des Lebens, als Produkt der Bewältigung bestimmter Lebenskrisen. Infolgedessen entfalten sich diese durch die Auseinandersetzung mit der Umwelt.[16]

Zwar ist es, wie ich finde, problematisch bei der religiösen Entwicklung und der Glaubensfindung von einer stufenweisen Entwicklung zu sprechen, zumal sie dem Schubladendenken Vorschub leisten und Vorurteile installieren können, dennoch ist es mit der Hilfe von "Stufen" möglich, bestimmte Glaubensbefindlichkeiten zu veranschaulichen und wie bei Fowlers Stufen des

---

[15] Vgl. Kroh, Ingrid u. Otto.: Identitätssuche, Stuttgart/ Luzern, 1995. S, 10.
[16] Vgl. Erikson, Erik H.: Vom Grundvertrauen zur Identität. In: Schweitzer F.: Lebensgeschichte und Religion. Religiöse Entwicklung im Kindes- und Jugendalter, München 1999, S. 73 f.

Glaubens nicht zwingendermaßen hierarchisch darzustellen. Schließlich müssen sie nicht bewertet werden. Es werden einfach verschiedene Glaubensbewusstseinsformen anschaulich gemacht. Fowlers Stufentheorie sollte nicht der Einordnung und Klassifizierung bestimmter Personen auf eine Stufe dienen. Allerdings besteht diese Gefahr, da die Stufen die Auswertung einer empirischen Untersuchung zur Entwicklung des Glaubens darstellen und Fowler sich widersprüchlich zur Frage, ob seine Stufen des Glaubens eine hierarchische Ordnung im Sinne Piagets und Kohlbergs (also der Frage, ob obere Stufen, im Vergleich zu unteren von höherem Wert sind, als untere) bilden, äußert. Einerseits können demnach verschiedene menschliche Sinnorientierungen nicht gegeneinander abgewogen oder ausgewertet werden. Somit würde es kein allgemeingültiges Kriterium geben, sondern eine der Freiheit des Menschen entsprechende Vielzahl ebenbürtiger Entwürfe. Dennoch hat Fowler sich explizit zu einer Höherwertigkeit bestimmter Stufen, wie der fünften und sechsten Stufe seines Modells geäußert.[17]

3   Die Praxiserkundung

Meine Praxiserkundung habe ich unter der Berücksichtigung meiner Forschungsfrage, welche Gottesvorstellung die Probandin hat und inwiefern sie eine Beziehung zu Gott hat, bzw. wie diese geartet ist, durchgeführt. Im nun folgenden zweiten Teil der vorliegenden Hausarbeit widme ich mich unter anderem der Beantwortung dieser Fragestellung.

3.1.   Beschreibung der Probandin

D. ist elf Jahre und zwei Monate alt und besucht die sechste Klasse eines Gymnasiums. Sie hat keine Geschwister und lebt zusammen mit ihrer alleinerziehenden Mutter in einer Wohnung innerhalb des Hauses ihrer Großeltern. Die Beziehung zu ihrer Mutter ist sehr gut, eng und freundschaftlicher Natur. Ihren Vater, der 275 km entfernt lebt, sieht D. nur in

---

[17] Vgl. Schweitzer, F.: Lebensgeschichte und Religion, München 1999, S. 156.

sehr unregelmäßigen Abständen. Das Verhältnis zu ihm ist dementsprechend eher distanziert und nach Angaben der Mutter als unterkühlt einzustufen. Da D. im Haus ihrer Großeltern lebt, hat sie täglichen Umgang mit ihnen und das Verhältnis zu der Enkelin ist sehr herzlich.

In der Schule erbringt D. sehr gute Leistungen und ist bei ihren Mitschülern aufgrund ihrer freundlichen und offenen Wesensart beliebt. In der vierten Klasse war D. Klassensprecherin. Die Mutter beschreibt D. als lebhaftes, offenes, ehrliches, charakterlich starkes, verantwortungsbewusstes und tierliebes Mädchen. D. besuchte drei Jahre lang einen evangelischen Kindergarten. In der Grundschule hat sie am evangelischen Religionsunterricht teilgenommen, der ihr auch Spaß gemacht hat. Zu Beginn des fünften Schuljahres, nach dem Wechsel von der Grundschule an das städtische Gymnasium, hat sie allerdings einen neuen Religionslehrer bekommen, bei dem ihr der Unterricht nicht mehr gefiel. Deswegen ist D. nach der fünften Klasse vom konfessionellen Religionsunterricht zum Ethikunterricht gewechselt. Mit ihren Großeltern geht D. an Weihnachten in die Kirche. Die Mutter geht nicht zur Kirche und spricht sich nicht zwingend für eine christliche Erziehung ihrer Tochter aus. Der Vater von Ds bester Freundin ist im Kirchenvorstand. Deswegen begleitete D. ihre Freundin, wenn sie von Samstag auf Sonntag bei ihr übernachten durfte, bisher Sonntags Morgens oftmals zur Kirche.

Ich kenne D. jetzt seit drei Jahren, da ich seitdem mit ihrer Mutter befreundet bin. Wir haben schon öfters etwas gemeinsam mit D. unternommen und sie freut sich immer mich zu sehen. Dann erzählt sie mir meistens aus der Schule oder von ihrem Pferd.

3.2.   Beschreibung der Malsituation

Ich war am frühen Nachmittag mit meiner Probandin zu Hause bei ihr verabredet. Da es sehr sonnig war, saßen wir auf der Terasse unter dem Sonnenschirm. Auf dem Tisch stand eine Kanne Tee, und Obst. Ich legte mein Diktiergerät, dass ich für das spätere Interview benötigte und mein

Schreibmaterial dazu. D. hatte bereits ihre Buntstifte und Papier zurechtgelegt. Wir setzten uns gemeinsam an den Tisch und ich fragte sie erst einmal, ob ihr die Klassenfahrt nach Limburg gefallen hat und was sie so erlebt haben. Wir unterhielten uns eine Weile über die Wandertage und die Schule. Dann wechselte ich das Thema. Ich fragte sie, ob sie sich noch an unser Gespräch vor zwei Wochen erinnerte, als ich sie gefragt hatte, ob sie an Gott glaubt. Nachdem sie bejahte, bat ich sie, mir ein Bild zu malen auf dem sie mit Gott zu sehen ist. Sie meinte daraufhin, dass sie das schwierig finde und nicht wisse, wie sie anfangen soll. Ich gab ihr den Impuls einmal das zu malen, was ihr spontan einfällt, wenn sie an Gott denkt. Ich erklärte ihr, dass sie sich ganz ungestört fühlen sollte, dass ich sie nicht unterbrechen werde und ihr keine Fragen zu ihrem Bild stellen werde, während sie malt, sondern mir lediglich ab und an ein paar Notizen machen werde. Daraufhin begann D. mit dem Malen ihres Bildes.

3.3. Der Malprozess

D. malt zuerst mit Bleistift die Umrisse einer Wolke und beginnt dann die Wolke blau auszumalen. Dabei erklärt sie mir, dass sie wisse, dass Wolken nicht blau seinen, aber sie diese jetzt der Einfachheit halber blau gefärbt hätte, denn sie wolle nicht den ganzen Himmel blau malen, denn »dort sollen ja noch ein paar andere Sachen hin und die können ja sonst nicht mehr gemalt werden und das ist jetzt auch zu viel Arbeit«. Als D. die Wolke ausgemalt hat, beginnt sie den Oberkörper einer männlichen Person mit langem Bart (Gott)[18] zu malen. In die rechte Hand Gottes malt sie einen Dreizack. Darüber schreibt sie die Worte:»Zepter« und»Wuhaha«. Danach beginnt sie auf der Unterseite des Papiers eine grüne Wiese mit drei roten Blümchen zu malen, auf der sie eine Person platziert, welche mit offenen Armen nach oben zu Gott gerichtet steht. D. malt diese Person aus, erklärt mir, dass das sie selbst sein soll und mal daraufhin über die Person eine Gedankenblase. Innerhalb dieser malt sie erneut Gott, der wie bereits oben im Bild auf einer Wolke platziert ist. D. zeichnet wie schon zuvor nur den Oberkörper. Diesmal malt sie keinen Dreizack in die Hand der männlichen Gestalt. Zuletzt zeichnet sie zwischen sich und Gott auf einer Linie vier pinkfarbene Herzen. Anschließend malt sie rechts oben im Bild eine Sonne und links und rechts von der»bewohnten« Wolke noch zwei Blaue

---

[18] D. erzählt mir während dem Malen, dass der Mann auf der Wolke Gott darstellt.

Wolken. Allerdings zeichnet sie die Umrisse dieser beiden Wolken, diesmal sofort mit blauem Buntstift. D. sagt mir zwischendurch mehrmals, dass sie nicht so gut malen könne. Nachdem sie die Wolken fertig ausgemalt hat, beginnt sie neben Gott zwei ziemlich kleine Wesen mit Flügeln zu zeichnen, die sie ebenfalls blau ausmalt. Daraufhin überlegt D. eine Weile und erklärt mir, dass sie nicht wisse, wie sie darstellen soll, was sie sich für dieses Bild überlegt hat. Kurz darauf beginnt sie auf die linke Seite des Bildes, relativ mittig ein Viereck zu zeichnen. Darin mal sie ein Haus mit brennendem Dach. Das Haus hat ein großes Fenster, hinter dem der Oberkörper eines Menschen zu erkennen ist, der seine Hände zusammengefaltet hat. Sie malt in diesen Kasten eine Gedankenblase, die von dem Menschen ausgeht, in der sie eine Szene zeichnet, in welcher das Haus mit einem Schlauch gelöscht wird. Links und rechts von dem Rauch, der von dem brennenden Dach aufsteigt, malt D. erneut, wie auch schon oben im Bild, zweigeflügelte Wesen, die diesmal, wenn man sie in Relation zum Format des Bildes in dem kleinen Kästchen setzt, die Größe eines Menschen haben, während sie oben auf der Wolke neben Gott eher winzig wirken. Bevor D. beginnt auf der linken Seite ein weiteres Szenebild zu malen, zeichnet sie mit Bleistift viele kleine Herzen die von Gott zu dem Mensch in dem Haus reichen und färbt diese pink. In dem neuen Kästchen malt sie ein graues Auto, dessen Hinterseite unvollständig und gezackt dargestellt wird. Ich kann mir sofort denken, dass es sich um ein Unfallauto handeln soll. Sie zeichnet dann zwei Menschen, die auf eine dritte Person auf einer Trage gebettet halten. Daneben malt sie ein weiteres Auto, diesmal mit rotem Kreuz, rotem Streifen und einer roten Sirene. Das soll der Krankenwagen sein. Darüber schreibt sie in Druckbuchstaben »Tatü, Tata«. Über das Geschehen in dieser Szenerie malt sie wieder zwei geflügelte Wesen. D. zeichnet erneut viele kleine Herzen die von Gottes Dreizack aus in einer Reihe zu der Person auf der Trage reichen. Zuletzt malt sie neben die Person auf der Wiese, die nach eigenen Angaben sie selbst darstellen soll, noch ein geflügeltes Wesen.

3.4. Das Interview

1 Ich:»Ist dein Bild fertig, D.?«

2 D.:»Ja, es ist fertig, aber es ist nicht so gut geworden, ich hab mir jetzt auch

3 nicht so viel Mühe gegeben«.

4 Ich:»Ich finde es ist sehr schön geworden. Erklärst du mir dein Bild mal?«

5 D:»Also, das auf der Wolke ist ja der Gott und unten auf der Wiese soll ja ich

6 sein. Weißt du auch warum ich so eine Gedankenblase gemalt habe?«

7 Ich.:»Ich glaube, das soll bedeuten, dass du gerade an Gott denkst!?«

8 D.:»Ja, genau. Ich stelle ihn mir so vor, dass er auf einer Wolke lebt. Aber ob

9 das jetzt auch so ist weiß ich ja nicht«.

10 Ich:»Was hält Gott denn da in der Hand? «

11 D.:»Das ist sein Zepter«

12 Ich:»Für was benötigt Gott denn dieses Zepter?«

13 D.:»Keine Ahnung- Wegen seiner Macht, weil er damit alles machen kann«.

14 Ich:»Sind das Engel, die du neben Gott gezeichnet hast«?

15 D.:»Ja, oder Helfer-Elfen. Die sind immer bei Gott. Die führen alles für ihn aus«.

16 Zum Beispiel helfen sie ihm die Menschen zu bewachen«.

17 Ich: Warum hast Du die denn so klein gemalt? «

18 D.:»Weil man sie ja nicht sehen kann. Und weil es auch Elfen sind«.

19 Ich:»In den beiden Bildern auf der Seite und unten bei dir sind ja auch

20 zu sehen«.

21 D.:»Ja, weil da ganz schlimme Sachen passieren. Die versuchen immer

22 uns zu beschützen wenn wir in Gefahr sind. Und die Herzen habe ich gemalt,

23 weil er die Menschen liebt«.

24 Ich:»Betet der Mensch hinter den Fensterscheiben? «

25 D.:» Die Frau betet zu Gott und bittet, dass er ihr helfen soll, dass das Haus von

26 der Feuerwehr gelöscht wird. Deswegen hab ich auch die Gedankenblase

27 gemalt«.

28 Ich:»Betest du auch manchmal? «

29 D.:»Ich bete immer abends vor dem Einschlafen zu Gott. Die Mama hat gesagt,

30 dass Gott uns immer hilft, wenn wir um ihn um etwas bitten. Aber er erfüllt die

31 Wünsche nicht immer so, wie wir es uns vorstellen. Manchmal kommt es ganz

32 anders. Früher habe ich gar nicht gebetet. Erst seit der dritten Klasse, oder so«.

33 Ich:»Und was hat dich dann plötzlich dazu bewegt, mit dem Beten anzufangen?

34 D.:»Die Mama hat mir erzählt, dass sie auch immer betet und da habe ich es

35 auch gemacht. Der Papa betet nicht. Der glaubt nicht an Gott«.

36 Ich:»Hast du mit ihm darüber gesprochen? «

37 D.:»Ja, ich habe ihn mal gefragt, ob er an ihn glaubt. Da hat er gesagt, dass er

38 nicht an ihn glaubt. Ich glaub aber auch nicht, dass das stimmt was in der Bibel

39 steht. Die Oma sagt manchmal so Sprüche, die in der Bibel stehen. Ich denke,

40 das Meiste ist doch Schrott, was da drin steht. Das ist doch schon so lange her,

41 wo das geschrieben wurde. Die Leute verstehen ja auch vieles falsch, was dort

42 steht, oder die nehmen das wörtlich. So wie die Islamisten«.

43 Ich:»Da geht es aber um den Koran«.

44 D.:» Ja, egal. Ich mein ja nur, dass halt auch die Bibel einen verwirren kann«.

45 In Reli haben wir auch schon oft mal darin gelesen und ich kann mir nicht

46 vorstellen, dass die Eva mit einer Schlange gesprochen hat. Das ist doch Mist.

47 Und noch viel größerer Mist ist, dass alle Menschen auf der Erde aus

48 dem Paradies verbannt wurden, weil sie den Apfel gegessen hat. Wir können

49 doch gar nichts dafür. Und allgemein […].

50 Da stehen Sachen drin, die einfach nicht stimmen können, so wie dass der

51 Jesus aus Wasser angeblich Wein gemacht hat. Das ist doch Quatsch«.

52 Ich:»Glaubst du denn an Jesus?«

53 D.:»Ja, den hat es schon gegeben, denke ich, aber das ist schon so lange her,

54 dass die Leute auch so Märchen um den gesponnen haben früher. So Legenden«.

55 Ich:»Ich möchte gerne noch einmal auf dein Bild zurückkommen. Streckst Du

56 auf deinem Bild die Arme zu Gott aus?«

57 D.:»Mhm […], ich weiß nicht. Ich habe mir dabei nichts gedacht. Nur dass es so

58 aussehen soll, als ob ich wirklich an ihn denke. Deswegen zeigen die Hände

59 nach oben, weil er ja auch im Himmel ist. Ich bin ja nur von hinten zu sehen.

60 Sonst würde man das ja nicht so gut erkennen«.

61 Ich:»Okay D., ich danke dir!«

3.5. Ein Interpretationsversuch

D.s Bild zeigt einen anthropomorphen Gott, das bedeutet, dass sie Gott vermenschlicht darstellt. Er befindet sich auf dem Bild im "Himmel" auf einer Wolke. Das anthropomorphe Gottesbild ist bei Kindern sehr häufig vorzufinden. Meine Probandin entspricht mit ihrer vermenschlichten Darstellung Gottes der Mehrheit der Kinder. Dies wurde anhand einer empirischen Studie die 1992 von Helmut Hanisch durchgeführt wurde und bei der insgesamt 1472 christlich erzogene Kinder und Jugendliche im Alter von Sieben bis Sechzehn Jahren ihre Gottesvorstellung zeichnen sollten, festgestellt. Demnach stellten sich 58% der Kinder Gott anthropomorph dar. Zudem stellten sich von 850 Schülerinnen und Schülern 75% Gott als Mann dar. Auch damit entspricht D. dem altersgemäßen Trend. Sigmund Freud zu Folge rührt dies von der maßgeblich prägenden Rolle des Vaters in der Ödipusphase. Dabei wird der Vater, als Über-Vater, in das Über-Ich aufgenommen und gleichsam mit Gott identifiziert.[19] Gott wird lächelnd dargestellt. Diese emotionale Färbung könnte auf eine positiv geartete Gottesbeziehung schließen lassen. Gott wird von D. mit Bart dargestellt, damit soll womöglich daraufhin gedeutet werden, dass Gott sehr alt und weise sein muss (Schließlich hat er die Welt erschaffen und muss demnach älter als diese sein.). Gott kommt den Menschen auf diesem Bild in gewisser Weise zur Hilfe, indem seine Engel an der Seite, der sich Not befindlichen Menschen weilen. Auch sendet er Herzen zu den Menschen. Mit dieser Darstellung soll Hanischs Argumentation nach die uneingeschränkte Fürsorge Gottes dargestellt werden, der Menschen in Not stets helfend und schützend zur Seite steht.[20]

In der rechten Hand hält Gott einen Dreizack als Insignie. Dies könnte man als Zeichen für seine Allmacht verstehen. Darauf deutet D. auch im Interview auf die meine Frage, für was Gott das »Zepter« benötigt in Zeile Dreizehn hin: »Keine Ahnung- Wegen seiner Macht, weil er damit alles machen kann«. Möglicherweise soll sie dem anthropomorphen Gott etwas Übermenschliches verleihen. Gott hilft auf dem Bild allen Menschen in allen Lebenslagen

---

[20] Vgl. URL: http://www.uni-leipzig.de/ru/gottesbilder/artikel/index.html#4.1.%20Anthropomorphe%20Darstellungen. Stand: 21. 09. 09

gleichzeitig. Sie scheint dadurch seine Allgegenwärtigkeit verdeutlichen zu wollen.

D. scheint ein starkes Vertrauen in Gott zu besitzen, was auch durch ihre Äußerungen im Interview verdeutlicht wird. Demnach hat Gott eine sehr stark fürsorgliche Seite.»Er hilft immer, wenn man ihn darum bittet«. Diese Vorstellung hat D. möglicherweise von ihrer Mutter übernommen. Fowler bestätigt eine Übernahme des Glaubens von engen Bezugspersonen, insbesondere der Eltern. Er postuliert, dass in der Kindheit und frühen Jugend meist eine unkritische Übernahme von Glaubensvorstellungen vorkommt.[21] Auch die Gewohnheit des Betens hat D. von ihrer Mutter übernommen. Denn sie betet erst, seit ihre Mutter ihr in der dritten Klasse erzählt hat, dass sie selbst auch betet, weil es ihr Kraft gibt und sie fühlt, dass sie geholfen bekommt.

D.s Gottesbeziehung gestaltet sich durch ihre abendlichen Gebete.

Den Wahrheitsgehalt biblischer Texte bezweifelt D. Dies liegt wahrscheinlich vor allem daran, dass sie diese wörtlich versteht. Sie ist noch nicht fähig, den Symbolgehalt zu erkennen. Sie versteht die symbolische Sprache lediglich nach dem Wortsinn, was für ihr Alter durchaus typisch ist (vgl. Fowler). Die Ablehnung der biblischen Texte könnte jedoch auch daher rühren, dass ihr Vater den biblischen Texten ablehnend gegenübersteht. Wahrscheinlich handelt es sich um ein Zusammenspiel beider Gründe.

D. hat die Engel bzw. Elfen auf ihrem Bild sehr klein gemalt. Im anschließenden Interview kam es mir so vor, als ob D. sich unschlüssig wäre, ob die »kleinen Helfer« nun Engel, oder Elfen seien. Ich weiß, das D. früher regelmäßig die Sendung»Charmed« im Fernsehen geschaut hat. Darin kamen häufig Elfen und Elementarwesen vor. Möglicherweise nimmt sie diesen Begriff daher.

Innerhalb des Bildes von D. befinden sich mehrere Szenerien. Das alles soll wohl parallel ablaufen, da Gott überall zur selben Zeit seine Liebe (In Form der Herzen) schickt. Das könnte D. gezeichnet haben, um die Allmacht Gottes auszudrücken und seine Liebe für die Menschen auszudrücken.

---

[21] Vgl. Schweitzer, F.: Lebensgeschichte und Religion, München 1999, S. 146-147.

Auch neben ihr hält sich auf der Abbildung ein »Himmlisches Helferlein« auf. Dies könnte darauf hinweisen, dass D. sich von Gott immer behütet fühlt. D. scheint sich viele Gedanken über Sinnfragen und Gott gemacht haben und auch individuelle Gotteserfahrungen gesammelt haben, aufgrund derer sich ihr Glaube festigen konnte. Da ihr Gottvertrauen meines Erachtens für ihr Alter sehr gefestigt ist.

Abschließend lässt sich sagen, dass D.s Glauben von einem starken Gottvertrauen geprägt zu sein scheint. Sie stellt sich Gott als fürsorglich, die Menschen liebend (was nicht zuletzt an den Herzen auf dem Bild deutlich wird) und sowohl allgegenwärtig wie allmächtig vor. Und vertraut fest darauf, dass dem Menschen durch Gottes Schutz nichts passieren kann. Sie hat eine persönliche Beziehung zu Gott, die sich durch ihre abendlichen Gebete zum Ausdruck kommt. Gott stellt sie sich ihrem Alter entsprechend als menschliches Wesen mit übermenschlichen Fähigkeiten vor.

Im Nachhinein ärgere ich mich ein Wenig, dass ich im Interview an der Stelle als D. davon sprach, dass Gott die Menschen beschützt, nicht weiter darauf eingegangen bin, in wieweit D. eine Erklärung für das Leiden mancher Menschen hat. Möglicherweise wäre dies für die Beantwortung meine Forschungsfrage noch sehr dienlich gewesen.

Literaturverzeichnis

ERIKSON, E. H.: Vom Grundvertrauen zur Identität. In: Schweitzer F.: Lebensgeschichte und Religion. Religiöse Entwicklung im Kindes- und Jugendalter, München 1999.

FRAAS, H.-J.: Die Religiösität des Menschen, Göttingen 1990.

KROH, I u. O.: Identitätssuche. Modelle für Projekttage mit 13 – 15jährigen, Luzern / Stuttgart 1995.

SCHWEITZER, F.: Lebensgeschichte und Religion, München 1999.

Quellen aus dem Internet:

URL: http://www.uni-leipzig.de/ru/gottesbilder/artikel/index.html#4.1.%20Anthropomorphe%20Darstell ungen.   Stand: 21. 09. 09 , 15 Uhr

Lightning Source UK Ltd.
Milton Keynes UK
UKRC021246241118
332687UK00009B/7

* 9 7 8 3 6 5 6 0 3 3 6 9 1 *